My First Bilingual Book · Mon premier livre bilingue

Counting
from 1 to 10

Les nombres
de 1 à 10

English-French · Français-anglais

— **A child's first book of words and fun – in two languages!** —
— **Un livre bilingue, rempli de mots et de plaisir pour les tout-petits!** —

1

one

un

two

deux

three

trois

4

four

quatre

five

cinq

six

sept

eight

huit

9

nine

neuf

ten

dix

Count from 1 to 10...
Good Night!

Compte de 1 à 10 ...
Bonne nuit!

— Fun activities with the names of the — numbers from one to ten!
— Des activités amusantes! —

Can you say the names of these numbers, in both French and English?
Nomme en français et en anglais tous les nombres qui sont présentés ici.

Say each number word and find its picture in the book.
Prononce les mots que tu vois ici et retrouve les chiffres correspondants dans le livre.

eight	one	seven	three
huit	un	sept	trois